AF278322

EL SILENCIO
UNA PIEL

VN / LK / 006

Primera edición, septiembre 2025

© Ediciones Venera, 2025

© Aye Pín, 2025

Coeditorxs: Yago Ferreiro y Sandra Muñiz Justel

Diseño de la colección: A. C. Colectivo Laika

Impreso en España — Printed in Spain

ISBN: 978-84-948535-4-8

Dep. Legal: VA 511-2025

El editor, Yago Ferreiro, quiere expresar su agradecimiento a Cornelius Hickey por morderse la lengua (y van quince). A Anna Farré y Paterson por su inestimable ayuda a la hora de editar, componer y revisar el presente texto, así como por su amabilidad, paciencia y amistad. A lachicadelasegundafila y al espíritu de la yaya Lola.

Aye Pín agradece a: todxs lxs poetas cuyas voces habitan este poemario, y muy especialmente a Vero Yattah, a Juli y a Mela por su lectura atenta, cuidadosa y sostenida durante más de un año; a lxs amigxs y amores que leyeron estos versos una vez y otra vez y otra vez; a Yago, a San y a Ediciones Venera, por materializar este libro.

Ediciones Venera es una iniciativa de A. C. Colectivo Laika

EL SILENCIO
UNA PIEL

Aye Pín

EDICIONES
VENERA

A mis amigxs y amores de estas últimas siete vidas.
A mis viejxs y mis hermanxs.
A Zulema, a Sandra y a Juan.

Aye Pín nació azul y del revés en 1990 en Buenos Aires. Es poeta, profe, tallerista, ensayista, futbolista *amateur* y casi doctora en literatura.

Publicó el poemario *Las manadas* (2018) y participó de antologías poéticas nacionales e internacionales. Escribe y publica ensayos sobre poesía argentina. Forma parte del proyecto La Tortiteca, radicado en Barcelona, donde reside inesperadamente desde hace casi dos años.

Entre tantas otras cosas, cruzando el charco perdió una moto y un colchón, pero ganó expresiones como 'me hace ilusión' y 'hacer un pensamiento'.

Tiene, como dicen dos bellos tangos, el corazón mirando al sur.

El fondo de las cosas es opaco.
No está allí la preciosa
serenidad que prometiste.

Claudia Masin

Pero sé que debo amar
lo incomprensible, con este amor
improbable.

Mirta Rosenberg

/secretos/

Mi cuerpo es una bestia
que no entra en su piel.

Aúlla loco y su sangre
lo golpea en semifusas.

Afuera la calma. Todo está bien.
Todo está bien, dice mamá
y apoya su mano en mi pecho
para ayudarme a respirar.

Mi corazón disparado
en la yema de sus dedos
la inquieta, pero no lo dice
para no asustar más a papá.

Él mira y no pregunta
ella sabe y calla.

Como una red tensan mi cuerpo
entre las dos puntas de un silencio.

a máxima velocidad convertirme en huracán
arrasar todo dejarme ahí furiosa sola en el
desastre y que pasen siete días meses años vidas
hasta desacelerar   acomodar
recom   po   ner

qué.

En la cocina,
mamá y la tía Susi.
Desde el comedor
escucho el tintineo
de sus pulseras que chocan
unas contra otras
cada vez que mueven las manos.
Susi se ríe a carcajadas
y errantes sus ojos
capturan al vuelo esta escena
que a través de su voz voy a conocer
muchos años después:

Lucas, mi hermano mayor
«el que ilumina y resplandece» según el libro
        de los nombres,
mira de cerca la televisión.
Tumbado en la silla
levanta y apoya en un mueble los pies
y deja descansar la mano izquierda sobre su
        pierna.

Desde el suelo de reojo yo lo miro
lo miro
lo miro y lento
subo también los pies al mueble
pongo la mano izquierda en mi pierna
finjo que miro la televisión.
Si él sonríe yo sonrío
abro grande la boca cuando él bosteza
me rasco la cabeza mientras él rasca la suya.

Cuando se levanta y se va
mis piernas agotadas se desploman en el suelo.

De arriba abajo veo todo el arenero.
Los niños arman castillos
suben al tobogán, se dejan caer
van de un lado a otro del pasamanos
con la fuerza de sus brazos.
Entre risas y gritos
sopesan en el subibaja su cuerpo.

Yo estoy alto
debajo de mis pies
las hamacas vuelan y hacen temblar
la oxidada estructura semicircular que me
            sostiene.

Puedo estar horas acá
soy el cóndor de la plaza:
señalo las escenas peligrosas
no tengo miedo por mí.

Respirar es fácil
peso menos que el aire…

Qué podría salir mal.

No hablo en el nombre del padre
sino del hijo.

Maldigo al espíritu santo y maría
madre
por la cruz.

El calor de la tarde
se aprieta en las paredes
cuando oscurece.

Cada noche
frente a los ojos distraídos de papá
entre mi hambre y la de mis hermanos
el secreto se sienta a la mesa
y reclama su alimento.

Mamá le sirve el plato más grande
la mejor porción.

Acá estoy
atrapada en el medio
quise decirles.
Pero algo pasó, un descuido
un accidente mínimo
en el movimiento de las cuerdas.

Y por arte de lengua
o por dislexia
quedé atrapada
en el miedo.

—¿De qué tiene tanto miedo Ayelén?
—Tiene miedo de morirse.

(Tiene miedo de morirse sin saber)

Al este y al oeste llueve y lloverá
una flor y otra flor celeste del jacarandá

Mamá canta
una, dos,
tres canciones en la oscuridad.
Entrecierra los ojos, bosteza
a veces pierde el hilo de la letra.
Para no dormirse, tararea.

Mamá canta
hasta que detrás de mis párpados
las paredes de la habitación se hacen agua
y se escurren entre mis sueños blandos
ahora son un río que atraviesa
piedras rostros rastros monstruos huellas
que avanza cada vez más rápido y en un golpe
            de vértigo
levanta vuelo y flotando
llega hasta las nubes.

Esta noche eso soy:
una casa líquida que se mueve en el aire
al ritmo de su amada voz.

En imprenta mayúscula
escribo mis secretos más profundos.

Los pongo en la alcancía
junto a las moneditas de 10 y 25 centavos.
Los guardo en la mochila
los llevo conmigo al colegio
camino lento
para que el tintineo del vuelto
no me delate.

Después del recreo
viene el cura a hacer la confesión y le hablo.
Pero no le digo todo.

Ojalá dios no se entere, estoy hecha de
        mentiras.

Selene se llama mi hermana menor
«diosa de la luna» según el libro de los
        nombres.

Compartimos todo.
Del placard
el estante de arriba es mío el de abajo suyo
el primer cajón mío el segundo suyo
el tercero es para los pijamas de las dos.
En un rincón
sus sandalias con brillos
se apoyan sobre mis zapatillas sucias de plaza.
Nos repartimos las camas para dormir
las paredes para decorar, y así
entre pelea y complicidad
vamos haciendo de un espacio dos
de un relato dos.
Cada noche
tapada hasta el borde de los ojos
siento subir desde su cama, la de abajo
la vocecita tibia que cierra todos los días de
        mi infancia.

Hasta mañana, dice.
Hasta mañana, digo.

Dos padrenuestros y un ave maría
si tenés un rosario mejor, aclaró el cura
pero si empezás
lo tenés que hacer completo.

Lo miré seria, pensé:
¿habrá en casa un rosario?
¿cuánto tiempo llevará rezarlo?
¿qué pasa si empiezo y no termino?

Qué pasa si empiezo y no termino, mi voz
trepó finita la sotana
se enroscó en las orejas grandes
y el padre se dio vuelta.

Entre media sonrisa dijo:
es mejor que nada,
dios es generoso, Ayelén
con quien hace el intento.

Las cuentas de madera suenan
entre mis dedos niños.
Hacen ruido de lluvia.

Les digo que si ellos callan
gritarán las piedras.

Me siento en la mesa del comedor a hacer la
        tarea.
Hago fuerza para concentrarme
entre el barullo de platos, cubiertos, vasos,
        televisión.
Falta poco para comer, lo sé
por el olor a tuco que viene de la cocina.
Es una noche más de tantas
mis pies cuelgan, se mueven
levanto la cabeza del cuaderno
y ahí, a mi izquierda,
la espalda de mamá
su pelo castaño largo
las manos suspendidas en el aire
como si la hubiera sorprendido una extraña
        inmovilidad
en el medio de un gesto.

La miro
y la miro
y la miro.

«Qué estás pensando, mamá»
quiero preguntarle.
Algo que no entiendo retiene esas palabras
y las guarda debajo de mi lengua.

Durante mucho tiempo mi cuerpo no la
       delató.

«Ayelén es igualita
es igualita a vos», le dicen a mamá
las mujeres que cuidan a sus hijas en la plaza.

Dentro de unos años voy a imaginar
los detalles de su cara al escucharlas:
una media sonrisa y alivio
el juego sigue todavía
dos amores caben en una misma familia.

Sobre la ambigüedad de mi piel
mamá cierra cada noche los ojos
y echa todo el peso de esta historia a
       descansar.

Confiada
respira hondo.

Ciudad de Buenos Aires, 14 de abril de 2006

Dirección de la Escuela Normal Superior
n.º 10 «Juan Bautista Alberdi».

De mi mayor consideración:

Por medio de la presente debidamente informo que, desde el inicio del ciclo lectivo, con fecha 06/03/2006, Ayelén Marina Pampín debe ser retirada de la escuela por su madre poco después de comenzada la jornada de clases. La alumna experimenta crisis sistemáticas de agorafobia agravada cuya sintomatología incluye taquicardia, pánico sostenido, escalofríos, sensación de irrealidad, temblores, incapacidad de comunicación y ahogo.

Desde este gabinete se considera que la mejor opción para que la alumna pueda continuar sus estudios sin perder la regularidad es inscribirla en el programa de escuela domiciliaria, destinado a los estudiantes que por razones de salud se ven imposibilitados de asistir a la institución en la que se encuentran inscriptos. La decisión será tomada en última instancia por la familia y le será notificada a este gabinete en el transcurso de los próximos quince días.

Saluda cordialmente,

Dra. Celina Murillo

—¿Qué le pasa a Ayelén?

—Dice que no sabe que el miedo que la
   muerte que el amor que no sabe
   respirar.

—¿Cómo que no puede respirar?

   (Dice que no sabe)

Atrapada
entre los labios cerrados de mamá.

No nazco.

Es Selene la primera siempre en saber
cuando se acerca una tormenta a mi cuerpo.
Lugareña, ajusta los sentidos
escucha el roer compulsivo
de mis dientes contra una uña
y otra
y otra.
Ella conoce de antemano la intensidad del
      vendaval.
Lo ve asomarse en mis ojos
que se derriten poco a poco y se derraman
sobre un mundo cada vez más
plano y borroso.
Entre sus dedos mis músculos
se van transformando en piedra
ella agarra mis manos
mientras se desata el tornado
discontinuo de mi respiración
río furioso de sangre justo debajo
de la piel lengua partida
por un rayo pensamiento
roto corazón desbocado
terremoto en piernas brazos dedos temblor
pero al fondo del miedo llegan los hilos de su
      voz

—Ya pasa, mamá está en camino.

Me amarro fuerte a esas palabras.
Cuando levanto los ojos
la encuentro siempre ahí, inclinada hacia mí.
Sostiene con firmeza mi hombro.

Selene, diosa de la luna
guardiana luminosa de la noche.

Siempre fue tarde
para nuestra infancia.

Un
      Dos
           Tres
Un
      Dos
           Tres

La canilla entreabierta
del baño gotea
casi en tiempos regulares.

Horas contra la cama
la escucho, mi piel
es una sábana más.

A paso lento se va el sol
y anclo la mirada
en la costura suelta que sobresale de la
      almohada.

No puedo contar más allá de tres
después repito
como se repite lo que duele.

No hay adónde ir.
Mi pensamiento es una navaja que se mueve
      amenazante
sostenida por las manos de alguien más.

Un

      Dos

           —Hija, ¿estás bien? ¿Querés un té?

Un

      —No, pa, estoy bien.

               Tres

(cómo decirte que las células se declaran unas a otras
guerra y se desconocen y se odian y se atacan y un
té no basta para reparar el daño en el costado de lo
que no sé cómo decirte que todo lo que ella calla me
hace pura ruina cómo decir que a veces creo que no
soy digna no soy digna de haber entrado en tu casa
quizás si preguntaras por el secreto si escucharas si
miraras si dijeras algo si le sacaras a ella la navaja de
la mano)

Un

      Dos

           Tres

La canilla entreabierta
del baño gotea.
El ritmo le da
un tiempo regular a la tristeza.

En esta habitación
el silencio es un hábito
intermitente

pero una palabra suya bastará.

/palabras/

Madre, fui puesta en tus manos
harás de mí lo que puedas.

2008, agosto.
Septiembre, tal vez.

Sentadas las dos cerca de un diván
mamá me contó algo parecido a una verdad.

El relato avanzaba
pesado entre sus cuerdas vocales
a paso lento pero firme
prudente, temeroso y decidido.

Las palabras afuera de su boca
crecían en el aire:
de labio a vibración
de vibración a sonido
de sonido a piel erizada en mis oídos.

⋆

—¿Papá lo sabe?

Volvimos a casa en el 152
sentadas bien al fondo
al lado de la ventanilla.

La avenida Santa Fe brillaba
a medida que bajaba el sol.
De ese trayecto mi memoria retuvo
colores fugaces y un mantra:

papá no sabe
no imagina
que soy hija
de un secreto.

Mi cuerpo roca inerte cae
                    por la ladera
                         de la familia

          golpea fuerte las raíces de este mundo.

          Lo que queda
          es arena dispersa y blanda
          anhelo de castillos.

Por mi culpa por mi culpa
por mi gran culpa.

Como una ciudad se desmorona se desinte-
gra la familia ante mis pies perplejos seria me
quedo quieta miro los restos razono el desas-
tre doy vuelta la cara escondo una mueca árida
vergüenza de ser parte de un coro de silencios
pienso quizás el derrumbe comenzó con ése
mi primer grito la primera y honda exhalación.

Nadie sabe cuál de los dos
es el nombre que murmura mi sangre.

Miro durante horas mis manos.

Ya es la una
      las dos
            las tres de la madrugada.

Estiro la piel
hasta que no quedan pliegues
donde pueda acurrucarse el secreto.

Se transparentan venas músculos huesos
      pulso.

Las primeras quincenas de febrero
de vacaciones en Mar de Ajó
rodeada de caracoles mamá
dividía entre ellos dos su mirada.

En esta familia
el bronceado del sol
camufló los matices
de todas nuestras pieles.

Buscar.
Rascar una piedra con las uñas
y después con la piel
y después con la carne
y después con los huesos
hasta ser apenas polvo en el aire.

tío y padre tío o padre tío pero padre tío no
padre padre no padre pero padre papá papá y
padre tío no tío tío papá no papá pero padre y
no padre pero papá?
trabajo estudio siento pienso amo duermo res-
piro cocino bailo acaricio miro leo imagino
lloro lavo los platos la ropa barro escribo me
pierdo me río me ato los cordones hago las
compras juego a la pelota me lavo los dien-
tes sostengo mi cabeza sobre los hombros un
infierno de preguntas se aprieta en mi espalda.

La historia se dio invertida:
fue el padre quien se paró frente a la cruz
y mirándola a los ojos
dijo perdonalos, hija
pues no saben lo que hacen.

Perdonala, hija, a tu madre
dice papá
mientras se muerde las uñas y sus ojos
desorbitados
buscan en mi cuerpo
algún rasgo inconfundible del suyo.

Ciudad de Buenos Aires, 04 de abril de 2014

Caso: 38195		NIÑO(A) Pampín, Ayelén		Presunto PADRE Pampín, Miguel Angel	
Loci	IP	Tamaño de Alelos		Tamaño de Alelos	
D3S1358	0.00	15	16	17	18
vWA	3.07	17	19	15	19
D16S539	0.00	10		9	11
CSF1PO	0.78	10	12	12	13
TPOX	0.99	8		8	11
D8S1179	1.10	14	15	11	14
D21S11	2.69	30	32.2	28	32.2
D18S51	0.00	18	20	14	16
D2S441	1.21	10	11.3	10	11
D19S433	0.00	14	14.2	13	13.2
THO1	2.17	7		7	8
FGA	0.00	21	22	20	24
D22S1045	0.77	15	16	14	16
D5S818	2.97	12	13	13	
D13S317	2.19	8	12	8	11
D7S820	0.00	8	11	10	
SE33	0.00	29.2	30.2	17	23.2
D10S1248	1.66	13	14	13	14
D1S1656	2.50	12	16	12	13
D2S1338	0.00	17		18	24
Amelogenin		X		X	Y

Interpretación:

Indice de Paternidad Combinado: 0   Probabilidad de Paternidad: 0%

El presunto padre es excluido como padre biológico del niño(a) examinado(a). Esta conclusión es basada en los alelos no correspondientes observados en los loci listados con un IP igual a 0.

Al presunto padre le faltan los marcadores genéticos.

Después quedé muda.
Como si mi lengua hubiera echado
enormes raíces cuello adentro.

En esta foto papá tiene veintitantos.
Charla con amigos en la esquina de Rivadavia
	y Palacios.
Lo reconozco por el gesto:
su cabeza está levemente inclinada hacia el
	costado
sube el brazo izquierdo por encima del
	hombro
y con la mano se acomoda el pelo
lacio y fino como el mío.

Siempre pensé que lo había heredado de él.

¿Qué significa *hija*?

/silencios/

dios nos
dios qué
o más o menos
o tampoco

Del silencio
nuestros cuerpos
cayeron en silencio.

Tan alto era el secreto
que aún no sabemos
cuánto se rompieron
cuánto nos queda
o será tal vez
que esto sigue
esto sigue
caemos
todavía.

Pero la materia de un secreto
no es el silencio
son los cuerpos que callan
y también
los que presienten y niegan
los que intuyen y duelen
los que saben, se persignan
los que descubren y sacan
sus ojos de la escena
los que intentan decir
y fracasan
cada vez
los que no pueden
ni siquiera sospechar
los que delatan
los que develan
los que no quieren escuchar.

Este secreto fue posible en el ritmo
de una respiración plural.

El hueso del tiempo se arena entre mis dedos.

Dieciséis años pasaron
desde que mamá
reveló el secreto.

Hoy entreveo
apenas
diversos tonos en la piel de su silencio.

Bailo y no miro
a nadie a los ojos
la música retumba
debajo de la piel
se ríen mis amigas
con los dientes afuera
la noche nos llena
de manos y besos
nuestra lengua
larga y áspera
no raspa.

★

A punto de amanecer
en la esquina de Sarmiento y Lambaré
charlamos esperando al sol.

Yo inclino la cabeza levemente hacia el
            costado
subo el brazo izquierdo por encima del
            hombro
y con la mano me acomodo el pelo.

Como antes de crecer:
a veces observo
meticulosamente mis manos
las toco, las huelo, las plancho
como si todavía les preguntara algo.

ÍNDICE

p. 62 **/silencios/**

ESTA EDICIÓN DE «EL SILENCIO
UNA PIEL» SE DIO A IMPRENTA
A FINALES DEL MES DE SEPTIEM-
BRE DE 2025, QUINCE AÑOS
Y ALGUNOS DÍAS DESPUÉS DE
LA PRIMERA PROYECCIÓN DE
LA PELÍCULA «INCENDIES», DE
DENIS VILLENEUVE EN UN CINE
DE QUEBEC QUE TAMBIÉN ES
COSA DEL PASADO. VALE.